अँजुरी
भर
आँसू

"रविन्द्र प्रताप सिंह"

BlueRose ONE.com
Stories Matter
NewDelhi • London

BLUEROSE PUBLISHERS
India | U.K.

Copyright © Ravindra Pratap Singh 2023

All rights reserved by author. No part of this publication may be reproduced, stored in a retrieval system or transmitted in any form or by any means, electronic, mechanical, photocopying, recording or otherwise, without the prior permission of the author. Although every precaution has been taken to verify the accuracy of the information contained herein, the publisher assume no responsibility for any errors or omissions. No liability is assumed for damages that may result from the use of information contained within.

BlueRose Publishers takes no responsibility for any damages, losses, or liabilities that may arise from the use or misuse of the information, products, or services provided in this publication.

For permissions requests or inquiries regarding this publication, please contact:

BLUEROSE PUBLISHERS
www.BlueRoseONE.com
info@bluerosepublishers.com
+91 8882 898 898
+4407342408967

ISBN: 978-93-5819-537-8

Cover design: Shiavm
Typesetting: Namrata Saini

First Edition: August 2023

❦❦ काव्य क्रम ❦❦

1. माँ-बाप 1
2. दादा जी परदादा जी 3
3. शब्दों के हार 5
4. हिन्दुस्तानी हिन्दू 7
5. नई नवेली 10
6. काव्य कोष 12
7. पिघल रही तुम भी 14
8. मुहब्बत की धरती बंजर 16
9. नारी वंदना 18
10. वो मेरी 20
11. जीवन की पोथी 22
12. नंगे पाँव 24
13. परछाई 26
14. हाथों में हाथ 28
15. चाची 30
16. तुम्हारे लिये 32
17. कवच 34
18. अदालत में ग्रंथ 36
19. शहीद सिंदूर 38

20. मेरे गाँव की नहर 40

21. फुटपाथ 42

22. ठेकेदार 44

23. इंसानों की संतान हूँ मैं 46

24. हे न्यायालय हे न्यायधीश 48

25. कोरोना 51

26. आखिर नदी में 53

27. कालाधन 55

28. बूढ़ा ससुर 57

29. जिंदगी बिना नाप तौल 59

30. पुनर्बचपन 61

31. सरहद के सिपाही 64

32. नन्ही कलम 67

33. दौलत 70

34. मेरी बेटी 72

35. मैं मिट्टी हुआ 74

36. आत्मवध 75

37. हर इक रिश्ता न्यारा है 77

38. नई राह 79

39. मुश्किल खुद पर काबू है 80

40. शूद्र संसय 82

41. कम कर दे 103

42. फासला	105
43. राज अगर जुबां हो जायेंगे	107
44. पलको पर आशियां	108
45. तख्ती हमें सुने	109
46. मात क्या होगी	111
47. मन मारते हो	113
48. दिल में छुपकर	115
49. काव्य टुकड़े	117
50. दोहे	124

कार्य हमारे करों से,

           सब नेक हों परमात्मा।

कर खुलते ही दान हो,

           और जुड़ते ही प्रार्थना।

❧❧ माँ-बाप ❧❧

माना दुनिया मेरी बीबी बच्चे हुये
मगर धरती आकाश माँ बाप हैं
चाँद ये सितारे तो अब आयें हैं
मेरे जीवन की सुबह तो माँ बाप हैं

उँगली माँ बाप की अब पकड़ता नहीं
इसका मतलब नहीं कि बड़ा हो गया
लड़खड़ाने लगे हैं कदम और भी
जब से कदमों पे अपने खड़ा हो गया

फल बड़ा कब भला वृक्ष से हो सका
मुझ में जो भी मधुरता है माँ बाप हैं
माना दुनिया मेरी बीबी बच्चे हुये
मगर धरती आकाश माँ बाप हैं
चाँद ये सितारे तो अब आयें हैं
मेरे जीवन की सुबह तो माँ बाप हैं

कर्ज पीछे खड़ा फर्ज आगे खड़ा
इक चुकाना भी है इक निभाना भी है
रास्ता एक है मंजिलें दो अलग
संतुलन के लिए दोनो पाना भी है

इस नये दौर की उलझनें भी नईं
हल पुरातन वही अपने माँ बाप हैं
माना दुनिया मेरी बीबी बच्चे हुये
मगर धरती आकाश माँ बाप हैं
चाँद ये सितारे तो अब आयें हैं
मेरे जीवन की सुबह तो माँ बाप हैं

पीड़ा तब भी सही पीड़ा अब भी सहे
माँ मगर तुमने हमको रुलाया नहीं
उपकार आपके हैं हृदय में मेरे
याद सब मुझको माँ कुछ भुलाया नहीं

ईश्वर का कोई आकार ही नहीं
एक आकार मानो तो माँ बाप हैं
माना दुनिया मेरी बीबी बच्चे हुये
मगर धरती आकाश गाँ नाप हैं
चाँद ये सितारे तो अब आयें हैं
मेरे जीवन की सुबह तो माँ बाप हैं

****

❖❖ दादा जी परदादा जी ❖❖

दादा जी परदादा जी क्या जीवन जी कर चले गये!
निर्मल थीं यमुना गंगा जल अमृत पी कर चले गये।

घड़ियों की टिक टिक ही नहीं,
चिड़ियां नीम पर आती थीं।
नीम की पत्ती गाल पर गिरकर,
दादा जी को जगाती थीं।

गाँव गली फेरी प्रभात की,
राम सिया के गुण गाये।
दूध दही मटकी भर भर कर,
पुआ मलीदा गुड़ खाये।

जाते जाते आमों की इक बगिया बो कर चले गए।
दादा जी परदादा जी क्या जीवन जी कर चले गये!

धुंआ उगलती कार न मोटर,
वातानुकूल सवारी थी।
गाय भैंस घर के सदस्य,
तांगा बैलों की गाड़ी थी।

शादी या जनम के जब,
मंगल अवसर आये होंगे।
दादी जी ने झूम झूम,
बन्ना सोहर गाये होंगे।

गठरी जैसे बंधकर रहना सीख ये देकर चले गये।
दादा जी परदादा जी क्या जीवन जी कर चले गये!

प्रकृति के सब अंग मगन थे,
प्रेम के शाश्वत रंगों में।
जन जीवन जंगल मंगल थे,
सीमित अपने ढंगों में।

साधू होते थे निर्मोही,
वन कुटिया में रहते थे।
राम कथा के संवाहक सब,
राधे राधे कहते थे।

धरा सजाई फसलों से खुद मिट्टी हो कर चले गये।
दादा जी परदादा जी क्या जीवन जी कर चले गये!

****

⚜⚜ शब्दों के हार ⚜⚜

सोने चाँदी फूलों के नहीं शब्दों के हार बनाता हूँ।
ज्यों फूलों पर मरता भंवरा मैं शब्दों पर मर जाता हूँ।

जैसे हरा भरा देख कर उपवन,
माली का मुख चाँद लगे।
जब भरे बांझ की गोद कभी,
नारीत्व का एहसास जगे।

वो धूप गुदगुदी करती है,
जो कोहरा छांट किरन निकले।
लगती पावन रात सुहागों की,
जब सजनी बाँहों में पिघले।

मन मेरा बनकर मोर नचे जब शब्दों की पंक्ति सजाता हूँ।
सोने चाँदी फूलों के नहीं शब्दों के हार बनाता हूँ।

गंगाजल ठुकराये पपीहा,
बारिश की पहली बूंद पिये।
बारिश की ही बूंदों से,
सीपी ने मोती जनम दिये।

शब्दों से कालीदास बने,
शब्दों से आयत छंद बने।
शब्दों से ही रसखान बने,
कुरान वेद गुरुग्रंथ बने।

दुनिया पूजे सियाराम मैं कवि तुलसी को भोग लगाता हूँ।
सोने चाँदी फूलों के नहीं शब्दों के हार बनाता हूँ।

देख शिशु को घुटनों पर चलते,
माँ का चेहरा खिलता है।
कलरव करते प्रवाह नदी का,
नीले सागर में मिलता है।

मैं बनूं उपासक शब्दों का,
शब्दों की खुशबू फैलाऊं।
हो पुनर्जन्म तो शब्द बनूं,
कवि कंठों की शोभा बन जाऊं।

मानस मन को मोहें शब्दहार जन जन को भेंट चढ़ाता हूँ।
सोने चाँदी फूलों के नहीं शब्दों के हार बनाता हूँ।

****

❖❖ हिन्दुस्तानी हिन्दू ❖❖

प्राण जायें पर वचन नहीं सभ्यताओं के बिन्दू हैं।
सर्व धर्म के संरक्षक हम हिन्दुस्तानी हिन्दू हैं।

पले हिमालय की गोद में
बाल भरत से हम निर्भीक,
परशुराम से हम बलशाली
शान्ति अहिंसा के प्रतीक।
ऋषि मुनियों के हम सब वंशज
हम हैं गीता के ज्ञानी,
स्वर्णिम है इतिहास हमारा
गौरवशाली खड़ा अतीत।

राम राम हम भजने वाले
करें दुआ खुश रहे रहीम,
बंधु हमारे सिख ईसाई
भेदभाव ना कभी कहीं।
बुद्धम शरणम गच्छामि
हम विश्व बंधुता की पहचान,
प्यार शत्रु से करने वाले
नफरत हमसे हुई नहीं।

वंदनीय गोविंद गुरू
स्वर्ण मंदिर है आन हमारी,
गुम्बद विश्व धरोहर की
ताजमहल है शान हमारी।
शंखनाद गूंजों संग जब
बजे घंटिया गिरजाघर की,
यूँ लगे काशी के घाटों पर
हरि ऊँ जप रहा पुजारी।

जननी आर्य भूमि हमारी चार धाम संग सिन्धू हैं।
सर्व धर्म के संरक्षक हम हिन्दुस्तानी हिन्दू हैं।

पथ प्रदर्शक हम दुनिया के
नित पढ़ते हैं वेद पुराण,
हमें पूज्य रामायण गीता
और पाक भी लगे कुरान।
बाईबल हृदय में रख
शीश झुकाते गुरुग्रंथ को,
ज्ञान विवेकानंद हमारे
धर्म ग्रंथ सब हमें समान।

कट्टरपंथी कभी न भाये
हम दया क्षमा की प्रवृत्ति,
नहीं आक्रमण पहले करते
कैसी भी हो आपत्ति।

जगा रहे वसुधैव कुटुम्ब का
हमीं विश्व में भाव,
हम सहनशीलता के स्मारक
आत्मसात है सम्पत्ति।

सीखा सिर्फ धरम का पालन
है धरम हमारा रक्षक,
लक्ष्य नहीं विस्तार धर्म का
बनकर इंसानी भक्षक।
है संगम और समावेशी
अपनी अनमोल विरासत,
धर्म विषैला न होगा
चाहे बहकायें अधर्मी तक्षक।

अतिथि देवो भवः भावना मानवता के हम बंधु हैं।
सर्व धर्म के संरक्षक हम हिन्दुस्तानी हिन्दू हैं।

****

नई नवेली

बचपन का सलीका सहेली छोड़कर आई।
माँ का भीगा आंचल हथेली मोड़कर आई।

कैसे उठेगी बैठेगी क्या बात करेगी!
सासुरे में बेटी कैसे जज्बात भरेगी!
जल्दी जगेगी या वहां भी सोती रहेगी?
या हमको याद करते हुए रोती रहेगी!

माँ बाप के लिए पहेली छोड़कर आई।
माँ का भीगा आंचल हथेली मोड़कर आई।

छूटा। जो संसार पूरा कर न पाऊंगा,
तुम खुश रहो सदा मैं फर्ज यूं निभाऊंगा।
अपना पूरा घर द्वार समर्पित करूं तुझे,
मां बाप भाई बहन सभी अर्पित करूं तुझे।

खिलौने बहुत सारे थे मगर तोड़कर आई।
माँ का भीगा आंचल हथेली मोड़कर आई।

तू आरती मेरी नजर उतरेगी तुझी से,
कसम से मेरी जिन्दगी संवरेगी तुझी से।
तू मंत्र जाप यज्ञ तू रुद्राक्ष की माला,
पलकों पर रखूंगा ज्यों मां बाप ने पाला।

चंचल बड़ा ही मन मगर हां मोड़कर आई।
माँ का भीगा आंचल हथेली मोड़कर आई।

घूंघट उठाकर तुझे देखूंगा भर नजर,
आलिंगनों में भी रहेगी ना कोई कसर।
दिन थे अधूरे तुम से पूरी रात हो गई,
खुशियों से मेरी आज मुलाकात हो गई।

मेरी दुनिया बसाने आँखें मूंदकर आई।
माँ का भीगा आँचल हथेली मोड़कर आई।

****

❦ ❦ काव्य कोष ❦ ❦

मैंने मांगी दौलत मगर देख लो,
मुझे ईश्वर ने सौंपा काव्य कोष है।
ये मन विमुख था उदासी रोम रोम में,
पाया जीवन में अलौकिक परितोष है।

गुलाब हाथों में पाकर कांटे गिने,
उसके दुःखों का कोई ठिकाना नहीं।
रैन धारा में जो जुगनुओं संग बहा,
उसका पूरब निकट है बताना नहीं।

पतवार हौसले की जमीन पर चला,
तेरी बैसाखियों में भरा जोश है।
मैंने मांगी दौलत मगर देख लो,
मुझे ईश्वर ने सौंपा काव्य कोष है।
ये मन विमुख था उदासी रोम रोम में,
पाया जीवन में अलौकिक परितोष है।

तपते सूरज से कैसी मुहब्बत भला,
रात पूनम की मन में उमंगे भरे।
शीशमहलों से रिश्ते तो बेरंग हैं,
हृदय अनुबंध प्रेम की तरंगे भरे।

आँख का कोई तारा जो टूटे कभी
करे आँसू का दरिया बहुत शोर है।
मैंने मांगी दौलत मगर देख लो,
मुझे ईश्वर ने सौंपा काव्य कोष है।
ये मन विमुख था उदासी रोम रोम में,
पाया जीवन में अलौकिक परितोष है।

मार्ग जीवन का पाओगे नीरस बहुत,
जहाँ रोने का कोई बहाना ना हो।
घटा गम की कभी जब छंटे देर से,
खुशियाँ इतनी मिलें कि ठिकाना ना हो।

भले भगवन ने बाली का वध है किया,
पाया दामन पर गहरा जीत दोष है।
मैंने मांगी दौलत मगर देख लो,
मुझे ईश्वर ने सौंपा काव्य कोष है।
ये मन विमुख था उदासी रोम रोम में,
पाया जीवन में अलौकिक परितोष है।

****

❖❖ पिघल रही तुम भी ❖❖

मुझे यूँ तन्हा जला करके पिघल रही तुम भी,
स्वयंवर हार तोड़ करके बिखर रही तुम भी।
दिन रात तुम्हे याद करे मन रोये मन ही मन,
मेरी मुस्कान मार करके सिसक रही तुम भी।

सपने साथ-साथ देखे
हाथों में हाथ डाल देखे
इक दूजे की आँखों के
आँसू बार बार पोछे

मन में उमंगे फूलों सी
उठी थी तरंगें झूलों सी

अरमान छुपा करके करवटें बदल रही तुम भी,
मुझे यूँ तन्हा जला करके पिघल रही तुम भी।

तेरी कैसी मजबूरी
मुझसे बढ़ा रही दूरी
खाई सिर पर रखकर हाथ
कसम वो कौन करे पूरी

तेरी शर्मीली बातें
दिल में बनकर बैठीं यादें

प्रेम का दिया बुझा करके भटक रही तुम भी,
मुझे यूँ तन्हा जला करके पिघल रही तुम भी।

मुझको तो भूल जाओगी
दर्द कैसे छिपाओगी
गरजते बादल से डरकर
गले किसको लगाओगी

बिछड़ हो जायेगा मन गुम
संग में जी लें आ हम तुम

ख्वाबों में बैठ करके मुझे सोच रही तुम भी,
मुझे यूँ तन्हा जला करके पिघल रही तुम भी।

****

❖❖ मुहब्बत की धरती बंजर ❖❖

मिला जब धोखा तो जाना मुहब्बत की धरती बंजर।
फरेबी शूल भरी राहें चुभोती हैं दिल में खंजर।

प्रेम की पाती को हंसकर,
बेवफा शमां जला देती।
चाहत की नाव अगर तैरे,
नदी खुद को ही सुखा लेती।

प्यार का दीपक बुझ बुझ कर,
खून के ही आँसू मांगे।
समझकर फूल जिन्हें चाहा,
निकले वो पत्थर के सांचे।

गमों के गिरते हैं झरने सूखे हैं बागों में मंजर।
मिला जब धोखा तो जाना मुहब्बत की धरती बंजर।

कमी मेरी दौलत में थी,
वो तो मुझसे ही रुठ गई।
सात जन्मों की गांठी फिर,
चन्द लम्हों में टूट गई।

मोल रिश्तों का तौल गई,
तोड़ दी पूजा की थाली।
जुबां से की जो विष वर्षा,
शहद की फूट गई प्याली।

टूटकर दिल यूं रोता है तड़प कर बरसा हो अंबर।
मिला जब धोखा तो जाना मुहब्बत की धरती बंजर।

वफाई की अपनों से भी,
कोई उम्मीद नहीं करना।
देखकर सुन्दर सूरत तुम,
तिलक सिन्दूर नहीं करना।

मन की मूरत निकली झूठी,
भरोसा खुद से ही छूटा।
मुहब्बत की सौदाई ने,
देखो अपना ही घर लूटा।

खुशियों के संग बिखर गया द्वारे पर लटका जंतर।
मिला जब धोखा तो जाना मुहब्बत की धरती बंजर।

****

❦❦ नारी वंदना ❦❦

नारी सदृश स्वरूप प्रकृति की पोषक सदा हमारी।
माँ बहन पत्नी का हम पर कर्ज चढ़ा है भारी।

कर्तव्यों की वेदी पर
अधिकार समर्पित करती,
पिता पति भाई को पूजे
हार समर्पित करती।

जग जननी सुख वैतरणी
मन करुणा से परिपूर्ण,
नारी का ममतामयी रुप
माँ सृष्टि करे संपूर्ण।

राम हृदय उपजी शंका सिया अग्नि में बलिहारी।
माँ बहन पत्नी का हम पर कर्ज चढ़ा है भारी।

कभी सिया तो कभी अहिल्या
कभी बने सावित्री,
पुरुषों ने प्रायः दोष मढ़े
पति प्राण बचाये स्त्री।

निस्वार्थ प्रेम सदभावों की
है सच्ची संचालक,
त्याग तपस्या धीरज धरती
मानवता की पालक।

भरी सभा भी मौन रही दुस्शासन हुआ शिकारी।
माँ बहन पत्नी का हम पर कर्ज चढ़ा है भारी।

संकीर्ण नजरिया नारी के प्रति
बदलकर देखो,
गढ़ी श्रेष्ठता ग्रंथो में
इतिहास पलटकर देखो।

प्रेम पढ़ाये मीराबाई
शौर्य लक्ष्मी रानी,
काया कर्म सृजन की नारी
अद्भुत अमर कहानी।

पत्थर मत पूजो पत्थरदिल पूजो जननी प्यारी।
माँ बहन पत्नी का हम पर कर्ज चढ़ा है भारी।

****

❖❖ वो मेरी ❖❖

वो मेरी धड़कन की धुन
स्वर सरगम पूज्य शगुन।
साथ साथ संजोये है
रुक्मिणी राधा के गुन।

प्यास का बूंद से नेक संगम है वो
मन्दिर की दुआ मुहूर्त मंगल है वो

मैं था खाली दिया बनके बाती जगी
मेरे मन में मगन मीरा जैसी नची

फूल बनकर मेघ खिल गये
बरसी खुशियाँ रुनझुन।
वो मेरी धड़कन की धुन
स्वर सरगम पूज्य शगुन।

दिल की दहलीज पर उसके पहले कदम
जख्म को दे रहे साँस भरने का दम

शर्म चाहत का आंचल लपेटे हुये
भोली आहों में राहत समेटे हुये

अश्क मुस्काने लगे
हुये पतझड़ दूब तरुन
वो मेरी धड़कन की धुन
स्वर सरगम पूज्य शगुन

ख्वाब बाँहों में है क्या इसे नाम दूं
उनका चेहरा देखूं कि दिल थाम लूं

ब्याह कर चाँदनी आ गई मेरे संग
आसमां से उतर आये हैं सातों रंग

लबों से यूँ खुशबू उड़े
ये जीवन हुआ अरुन।
वो मेरी धड़कन की धुन
स्वर सरगम पूज्य शगुन।

****

⚜⚜ जीवन की पोथी ⚜⚜

सुख दुःख ही जीवन की पोथी हर पन्ने पर सीख है।
जब प्रेम बहे नयनों के जल से बन जाता संगीत है।

वक्त से लय ताल मिलाकर
चलते रहिये छाँव भुलाकर।
ओझल हो दिन में यदि मंजिल
ढूँढ रात में दीप जलाकर।

सब हासिल हो मुमकिन थोड़ी अर्पण भी तो जीत है।
सुख दुःख ही जीवन की पोथी हर पन्ने पर सीख है।

थक जायेगी हार हराकर
यत्न तजो न चैन गवांकर।
भाग्य लकीरें नाद करेंगी
साज न छोड़ो नाम कमाकर।

सात वचन भर सात जनम तक साथ में जीना रीत है।
सुख दुःख ही जीवन की पोथी हर पन्ने पर सीख है।

पाँव घुँघरू बांधे मीरा
धुन एक थी सांवरा हीरा।
भजन हुये तब बिष पर भारी
भक्ति सुरों ने हरी पीड़ा।

प्रिये पाना ही प्यार नहीं उसे बिसराना भी प्रीत है।
सुख दुःख ही जीवन की पोथी हर पन्ने पर सीख है।

पँख बिना ही नभ छू लो तुम
पार समन्दर के झूमों तुम।
याद रहे पर माँ की लोरी
चरण छुओ माथा चूमों तुम।

सुर सरगम शब्दों की जोड़ी बन जाना ही गीत है।
सुख दुःख ही जीवन की पोथी हर पन्ने पर सीख है।

****

❖❖ नंगे पाँव ❖❖

धूप चंदन कलश वंदन
जलाकर दीप लाया हूँ।
नव गीतों के स्वागत में
मैं नंगे पाँव आया हूँ।

महल कुटिया गाँव गलियों में जगमग दीप मालायें,
चिरागों की देख रौनक चाँद सूरज भी शरमायें।

तिमिर की विदाई में
तारों की भिक्षा लाया हूँ।
नव गीतों के स्वागत में
मैं नंगे पाँव आया हूँ।

दिये का तन माटी है मगर प्राणों में है बाती,
दिलों के ही समागम से खुशी की रोशनी आती।

उजालों से मर मिटने
पतंगा उड़कर आया हूँ।
नव गीतों के स्वागत में
मैं नंगे पाँव आया हूँ।

तिमिर की ताक पर बैठे दिये की ऊषा कहती है,
युगों से टिमटिमाती लौ विजय शंखों की ज्योति है।

अंधियारों का मैं जुगनू
तपाकर खुद को आया हूँ।
नव गीतों के स्वागत में
मैं नंगे पाँव आया हूँ।

****

❦❦ परछाई ❦❦

बीज प्रेम के बोता चला चल,
कल्पवृक्ष उग आयेगा।
सब अच्छे बुरे कर्मों का फल,
परछाई बन जायेगा।

हैरान सभी इंसान यहां,
वैभव के पीछे भाग रहे।
जिस तरुवर से सांसे पाई,
जड़े उसी की काट रहे।

माँ के आंचल की छाया,
फिर बोल कहाँ से पायेगा।
सब अच्छे बुरे कर्मों का फल,
परछाई बन जायेगा।

कर्मों से गढ़ ऐसी कहानी,
याद जवानी रह जाये।
सत्कर्मों की गर्व कथा,
ग्रंथों में निशानी रह जाये।

है देर मगर अंधेर नहीं,
जो बोया वही पायेगा।
सब अच्छे बुरे कर्मों का फल,
परछाई बन जायेगा।

****

❖❖ हाथों में हाथ ❖❖

मेरे इस हाथ में तेरा कहीं से हाथ आ जाये।
अब चलती हूँ कहो जैसे तभी बरसात आ जाये।

पास आओ कुछ पल,
धड़कने उठने बैठने दो।
रहें खामोश हम दोनों,
बात नजरों को करने दो।

अपने ख़्वाब को थपकी लगाने रात आ जाये।
मेरे इस हाथ में तेरा कहीं से हाथ आ जाये।

पहचानो मुझे हमदम,
तेरा जन्मों से साया हूँ।
तेरी आँखों का पानी,
अपनी आँखों में लाया हूँ।

तेरी खुशियों के द्वारे मेरी बारात आ जाये।
मेरे इस हाथ में तेरा कहीं से हाथ आ जाये।

जन्म हो आखिरी शायद,
इक दूजे में समायेंगे।
बाँहों के जयमाल पहने,
फलक के पार जायेंगे।

मुहब्बत के शिला लेखों पर अपनी बात आ जाये।
मेरे इस हाथ में तेरा कहीं से हाथ आ जाये।

****

❦❦ चाची ❦❦

जहाँ पे माँ नहीं चाची होती है
तुलसी के पौधे की पाती होती है
बदनाम यूँ ही माँ आधी होती है

रिश्तों की माला में चाची सुंदर फूल
आँगन में जरूरी उसके चरणों की धूल

रीति रस्म घर में शादी होती है
जहाँ पे माँ नहीं चाची होती है
बदनाम यूँ ही माँ आधी होती है

रोज सुबह चाची सबसे पहले जग जाती
पूजा करके चाय नाश्ता खाना बनाती

दादी के पैरों में मालिश होती है
जहाँ पे माँ नहीं चाची होती है
बदनाम यूँ ही माँ आधी होती है

माँ तो माँ होती है चाची नेक गहना
जैसे छत से आगे इक छज्जे का रहना

डोली में बेटी रुआसी होती है
जहाँ पे माँ नहीं चाची होती है
बदनाम यूँ ही माँ आधी होती है

****

❦❦ तुम्हारे लिये ❦❦

मैंने पलकें झुकाकर इशारे किये,
सोलह श्रृंगार साजन तुम्हारे लिये।

मेरी बिंदिया तुम्ही
मांग सिन्दूर हो
चूड़ियों की खनक
गजरे का फूल हो

तुमको पाकर ख्वाब सब किनारे किये,
सोलह श्रृंगार साजन तुम्हारे लिये।

जुल्फें खोलो मेरी
कान की बालियाँ
सुर्ख होंठों की तुम
चूम लो लालियाँ

रात कुछ दिन ठहर जाओ हमारे लिये,
सोलह श्रृंगार साजन तुम्हारे लिये।

मेरी खुशबू तुम्ही
तुम सदा बन गये
मेरे हर मर्ज की
तुम दवा बन गये

मेरी आँखों के तुम ही सितारे प्रिये,
सोलह श्रंगार साजन तुम्हारे लिये।

****

❧❧ कवच ❧❧

ये पावन राखी का धागा,
बहन का तन मन है आधा।
चूम कर बहना ने राखी,
कलाई में कवच बांधा।

साथ ये कभी नहीं छूटे,
बहना का दिल नहीं टूटे,

हम सुख दुःख में रखेंगे
बहन की देहरी पर माथा।
चूम कर बहना ने राखी
कलाई में कवच बांधा।

हटाकर राह के कांटे,
मिलकर दुःख सभी बांटे,

बहन का हित खुद से पहले
आओ हम सब करें वादा।
चूम कर बहना ने राखी
कलाई में कवच बांधा।

उठे धन दौलत का किस्सा,
बहन छोड़े सदा हिस्सा,
लिखी है धरती से नभ तक
बहनों के त्याग की गाथा।
चूम कर बहना ने राखी
कलाई में कवच बांधा।

****

⚜⚜ अदालत में ग्रंथ ⚜⚜

श्रीमद् भागवत गीता का होता हश्र तो देखो,
छुयें पापी कटघरों में निडर हो फक्र से देखो।
शपथ गीता की झूठी रोज उठे हर कचहरी में,
कभी कंठस्थ रहती थी आज प्रस्थान तो देखो।

दोषी निर्दोष सिद्ध हों बहुत बेचैन हो गीता,
बिलखती यूं अदालत में ज्यों लंका में हो सीता।
तभी तो हो रही ओझल घरों से भी मनों से भी,
यहाँ मैं नित छली जाऊं सिसकती कह रही गीता।

सत्य पर झूठ का पलड़ा पड़े भारी अदालत में,
गीता कुछ ना कह पाती सांचे की वकालत में।
कौरवों ने हरी द्रौपदी मुजरिमों ने चुनी गीता,
अर्जुन की पथ प्रदर्शिका मौन बेबस अदालत में।

यही हाल बाईबल के सदमें में है गुरुग्रंथ,
कुरानों को कफन पहना कर रावण हुये सब संत।
न्यायधीशों अदालत से बरी कर दो पुराणों को,
मृत्यु शैय्या पर पड़े अलविदा कह रहें सब ग्रंथ।

श्रीकृष्ण ने भेजी अर्जी आपके न्यायालय में,
अधर्मी अब धरें न हाथ गीता पर न्यायालय में।
आस्था हो न जाये भंग पौराणिक रिवाजों से,
मुक्त कर गीता को विस्थापित करें देवालय में।

****

❧❧ शहीद सिंदूर ❧❧

आँखें नम थीं मेरी जब मैं ब्याही गई
छोड़कर माँ का घर सासुरे में गई
मगर थोड़ी खुश थी मैं एक बात से
है फौज में सजना मेरा सिपाही कहीं

महीना ऐसे गया कुछ पता ना चला
जैसे धरती गगन का मिटा फासला
रात भर रोये हम जब थी छुट्टी खत्म
आई उसकी विदाई वो सरहद चला

सिलसिला फिर शुरू सूनेपन का हुआ
वो जहाँ पर भी गया बस वहीं का हुआ
साल में एक दो बार ही आये घर
जैसे फौजी नहीं कोई कैदी हुआ

खुशखबरी ये सुनाई उसको फोन से
पाँव भारी हो गये मैं हुई पेट से
वो हंस हंस कर रोया बहुत देर तक
फिर कहा आऊंगा माह कुछ लेट से

मैंने घंटे गुजारे दिनों की तरह
बिताया इक इक महीना बरस की तरह
दिन प्रसव पीड़ा का बहुत नजदीक था
वो अब तक नहीं आया सदा की तरह

मैं बैठी थी आँगन में खोई हुई
नाम पूछूंगी इनसे जो बेटी हुई
तभी गूँजीं आवाजें एक साथ में
लाश फौजी की आई कटी सिर हुई

मैंने खुद को थामा पकड़ पेट हाँ
बात कल ही तो की है सलामत वो था
पर मैं घूँघट से झाँकी जो द्वारे पर
भीड़ के साथ ताबूत भी था वहाँ

****

❖❖ मेरे गाँव की नहर ❖❖

मेरे गाँव में एक नहर बन रही सन उन्नीस सौ पचपन से
दादा परदादा की पीढ़ी गुजरी मैं भी गुजरा बचपन से
इंतजार का ऐसा बेबसपन कभी सुना ना देखा होगा
शायद लाश कभी जी उठे यूँ भ्रमास जुड़ गई जन मन से

मरते मरते दादा ने पिताश्री को बात वही दोहराई
जो परदादा ने दादा जी को कई वर्षों पूर्व थी बताई
जब ये नहर हिलोरे मारेगी किस्मत की फसल संवारेगी
हम पर कर्ज चढ़ा जो लाला का बेटा कर देना भरपाई

लाला के वंशज दरवाजों पर पौ फटे ही दस्तक देते हैं
कर्ज में डूबे ग्रामीणों का जीना शर्मसार कर देते हैं
अब बहुत हुआ ये नहर नहर तुम सब खेत हमारे नाम लिखो
कर्कश ये गुर्राहट सुनकर घरों के चूल्हे सहमें रहते हैं

आज भी आश लगाये बैठा है मेरे गाँव का हर इंसान
कि नहर में पानी आने से खेती बाड़ी होगी आसान
हर दिशा हरियाली होगी गेंहू की चहक उठेगी बाली
खुशियों और अनाजों से भर जायेंगे अपने घर खलिहान

इस भ्रष्ट व्यवस्था का दोहरापन बढ़ रहा हर है दिन दूना
शहर शहर फुटपाथ जगे रहे मेरे गाँव का आँगन सूना
अब बिखर रही सब सहनशीलता आक्रोश उठ रहा जन जन से
मेरे गाँव में एक नहर बन रही सन उन्नीस सौ पचपन से

****

फुटपाथ

ऐ जिन्दगी तूने हमें अंधेरा भी ना दिया
जगती सड़को पर सो रहे बसेरा भी न दिया

अरे जीवन के रुप में हमें ये अभिशाप क्यों दिया
गर्भ में ही मार डालती यूँ आबाद क्यों किया
इंतजार रहता हमें अपने ही इंतकाल का
कहते हैं चार दिन की जिन्दगी सौ साल क्यों किया

छोटे बच्चे हमारे भूख से बदहाल रो रहे
हमारे भीख मांगने पर खड़े सवाल हो रहे
सड़ता होगा गोदामों में कहीं भरा अनाज
हम तो दाने दाने को यहाँ मोहताज हो रहे

रोज चमकता है अमीरी का सूरज यहाँ वहाँ
दो वक्त की रोटी मिले वो सबेरा भी न दिया
ऐ जिन्दगी तूने हमें अंधेरा भी ना दिया
जगती सड़को पर सो रहे बसेरा भी न दिया

कई आँखें हम पर तरसी और अफसोस भी किया
अब भूखा नहीं सोने देंगे उद्घोष भी किया
खाकर थूकते है जितने का वो एक पान रोज
बस उतना ही मेरी जिन्दगी का मोल तय किया

अच्छा हो कि कभी कोई खान मदहोश हो आये
मंहगी गाड़ी से रौंद हमें मौत दे जाये
फिर सदियां गुजर जायेंगी इसी छानबीन में
पर कौन गुनहगार है कभी न ये राज खुल पाये

चले जायेंगे मर कर फिर किसी और जहाँ में
यहाँ सुधरेंगे हालात इशारा भी ना दिया
ऐ जिन्दगी तूने हमें अंधेरा भी ना दिया
जगती सड़को पर सो रहे बसेरा भी न दिया

****

⚜⚜ ठेकेदार ⚜⚜

ठेकेदारों का भारत में ऐसा छाया भूत
डाकू ना कर पायें उनसे ज्यादा करते लूट

ज्यादातर भारत में जन्में कुछ बाहर से आये
करदाताओं के पैसे पर बादल बनकर छाये

सरकारी दफ्तर के बाहर मिल जाते ये दलाल
चोट खजाने पर पहुँचा कर खूब कमाते माल

ठेकेदारी के सिस्टम का देखो खूनी खेल
रोज यहाँ पुल गिर जाते पर मिलती किसको जेल

अगर बहुत हुआ हंगामा या ठप्प हो गई रेल
तब ठेकेदार को थाने लाकर दे देते बेल

ठेकेदारों के चंगुल में पूरा सिस्टम जकड़ा
नेताओं से साठगांठ का जाल बुना ये तगड़ा

न कभी समय से सड़के बनती पुल बनता न बाँध
बढ़ जाता हर साल बजट आगे न बढ़ता काम

काम हजारों का ठेके पर होता है लाखों में
भारी बाँध यहाँ ढह जाते हल्की बरसातों में

जहाँ पे सरिया गिट्टी या भरनी होती सीमेंट
वहाँ पे कंकड मिट्टी भरकर लेते फुल पेमेंट

मजदूर मिस्त्री महिलाओं का करते खूब शोषण
हादसे में मरने पर करते प्रभु पर दोषारोपण

बड़े बड़े घोटालों में भी इनका रहता हाथ
अगर पकड़ भी जायें तो सरकारें देतीं साथ

सेना का राशन हो या बोफोर्स तोप का सौदा
घोर मुनाफाखोरी का न छोड़ा कोई मौका

ठेकों की प्रथा से मुक्ति दे दे मेरे भगवान
तभी देश बन पायेगा ये भारतवर्ष महान

****

❈❈ इंसानों की संतान हूँ मैं ❈❈

कब माँगा था मुस्लिम होना, कब हिन्दू होना चाहा।
इंसानों की संतान हूँ मैं, इंसान ही रहना चाहा।

ऊपर बैठा शैतान कोई,
बिन मांगे इक धरम थमाया।
फिर धरम के थैले पर धोखे से,
राम रहीम लिखाया।

कुछ थैलों में शंख भरे,
कुछ में लाउडस्पीकर भरवाये।
कुछ थैलों में गायें डाली,
कुछ में सुअर पशु भरवाये।
अब पशुओं को ढाल बना,
इंसानों को जिन्दा जलवाये।

धरम का थैला घर घर फैला, कब हाथ लगाना चाहा।
इंसानों की संतान हूँ मैं, इंसान ही रहना चाहा।

कुछ थैले हैं लाल रंग के,
कुछ पर हरा रंग लहराये।
कुछ थैलों में हरी सब्जियां,
कुछ में मुर्गा शोर मचाये।

चौबे चिकन चाट कर खाता,
अहमद आलू गोभी चाहे।
मकबूल मियां मछली पर मरते,
लाला लहसुन भी न खाये।
खाने पीने पर क्यों बंदिश,
जिसकी जो मर्जी सो खाये।

धरम का थैला बड़ा विषैला,कब स्वाद परखना चाहा।
इंसानों की संतान हूँ मैं, इंसान ही रहना चाहा।

है धरम एक छल माया,
जिसकी कोई भूख मिटा न पाया।
पहले तो पशु बलियां मांगी,
अब नर बलि की जिद पर आया।

अपनी पीढ़ी तो जूझ रही,
नन्हें मुन्नों का ख्याल करो।
आँखें रुठ गई रो रो कर,
अब और नहीं आघात करो।
नवजात शिशु ना दंगा देखे,
कुछ ठोस अभी प्रयास करो।

धरम का थैला मन का मैला, कब गले लगाना चाहा।
इंसानों की संतान हूँ मैं, इंसान ही रहना चाहा।

****

❦❦ हे न्यायालय हे न्यायधीश ❦❦

हे न्यायालय हे न्यायधीश तेरे आगे झुकें हजारों शीश
अब टूट चुका हूँ भरते भरते इन तारीखों की मोटी फीस

इकलौती संतान हमारी
सौभाग्य से बेटी पाई
एक दिन जब कॉलेज गई
फिर लौट के घर न आई
पल पल जीना हुआ असंभव
जब नग्न लाश थी पाई
हैवानों को सजा दिलाने
तेरी ओर नजर फैलाई

बीते वर्ष पच्चीस मगर न
न्याय अभी तक पाया
घर वाली के गहने बेंचे
अब खेतों का नंबर आया
हंस हंस जाम जमानत का पी
पापी नच नच के घर आया

दिखे झुंड हत्यारों का जब भी मन में उठती गहरी टीस
हे न्यायालय हे न्यायधीश तेरे आगे झुकें हजारों शीश
अब टूट चुका हूँ भरते भरते इन तारीखों की मोटी फीस

कोर्ट कचहरी हुए बजारू
ये कटु मगर सच्चाई है
तुम बने भले अंजान रहो
पर तथ्यों में गहराई है
हाथों हाथ फैसले बिकते
पाकर पैसों की परछाई
बाहुबली सब लांघ रहे
तेरे जेलों की ऊँचाई

संविधान के शुभ विधान ने
न्याय की मूरत तुम्हे बनाया
तुम धनवानों के हमदर्द बने
निर्धन को खूब सताया
मंहगी तेरी न्याय की थाली
दाने दाने को तरसाया

बस निर्बल पर तेरी लाठी बरसे सब सबल पापें आशीष
हे न्यायालय हे न्यायधीश तेरे आगे झुकें हजारों शीश
अब टूट चुका हूँ भरते भरते इन तारीखों की मोटी फीस

आँखो से अब पर्दा हटा
विस्तृत फैला अन्याय देख
गला गर्भ में घुट जाता
कोई मुँह पर ऐसिड देता फेंक

चरस भांग सब खुले बिकें
कोई बोली पर बेटी देता बेंच
मुजरिम सब इठलाते पाकर
मनचाही पैरोल की भेंट

लोकतंत्र के मुग्ध मंत्र से
स्वच्छंद तुम्हें अधिकार मिले
फिर क्यों घूम रहे अपराधी
हाथों में नंगी तलवार लिए
उम्मीदों के सूरज पर बैठा
क्यों देख रहा बुझ रहे दिये

अरे झूठ पड़ रहा सच पर भारी यूं फेर ना अपनी पीठ
हे न्यायालय हे न्यायधीश तेरे आगे झुकें हजारों शीश
अब टूट चुका हूँ भरते भरते इन तारीखों की मोटी फीस

****

❖❖ कोरोना ❖❖

कोरोना   कोरोना   कोरोना
प्रस्थान तुम धरा से करो ना
हम न खायेंगे अब जीव जंतु
माफ हमको हे ईश्वर करो ना

संतुलन हमने सृष्टि का तोड़ा
मुख सभी बहती नदियों का मोड़ा
अतिक्रमण की कहें क्या कहानी
चन्द्रमा को भी हमने न छोड़ा

एहसास गलतियों का हुआ है
एक अवसर प्रायश्चित का दो ना
हम न खायेंगे अब जीव जंतु
माफ हमको हे ईश्वर करो ना

तंत्र होगा नियंत्रित मनों का
अब नहीं होगा दोहन वनों का
हमको घर से निकलने दो स्वामी
मान रखेंगे   सारे   गृहों   का

स्वच्छ सागर हो अंबर हो नीला
सर्वहित का प्रबन्धन करो ना
हम न खायेंगे अब जीव जंतु
माफ हमको हे ईश्वर करो ना

कोरोना   कोरोना   कोरोना
प्रस्थान तुम धरा से करो ना
हम न खायेंगे अब जीव जंतु
माफ हमको हे ईश्वर करो ना

****

❖❖ आखिर नदी में ❖❖

सच कह रहे हैं तब कह रहे हैं
जब सब अहम के घर ढह गये हैं
तुमने सुना है हमने सुना है
आखिर नदी में सब बह गये हैं

अमीरों की दुनिया गरीबों की दुनिया
हम तो समझते थे जमीरों की दुनिया
शबाबों की दुनिया नबाबों की दुनिया
बेखबर बोलते हैं ख्वाबों की दुनिया

इक घर तुम्हारा इक घर हमारा
कैसे यहाँ फिर घर जल गये हैं
तुमने सुना है हमने सुना है
आखिर नदी में सब बह गये हैं

जमाना भी धन का तराना भी धन का
कोई कुछ न पाया यहाँ अपने मन का
प्यार तेरे मन में प्यार मेरे मन में
नफरत के बादल क्यों घिरे फिर गगन में

चलो मुस्करा लें नयन भिगा लें
आँसू खुशी के कम रह गये हैं
तुमने सुना है हमने सुना है
आखिर नदी में सब बह गये हैं

सच कह रहे हैं तब कह रहे हैं
जब सब अहम के घर ढह गये हैं
तुमने सुना है हमने सुना है
आखिर नदी में सब बह गये हैं

****

कालाधन

कालेधन ओ कालेधन भाई तुम कहाँ छुपे हो कालेधन
तुम्हे ढूंढ़ रहा पूरा भारत तुम कब आओगे कालेधन

तेरा नाम पता मालूम नहीं
पर खुला विदेशी खाता है
खाते में जमा रकमों को देख
घबराती भारत माता है

यूं खून पसीना मजदूरों का
चूस चूस बनता तेरा तन
तुम्हारे लिये बेईमान यहाँ
करते घोटाले और गबन

कालेधन ओ कालेधन भाई तुम कहाँ छुपे हो कालेधन
तुम्हे ढूंढ़ रहा पूरा भारत तुम कब आओगे कालेधन

हर चुनाव से पहले तेरे
आने का शंख बज जाता है
भावनाओं में बह मतदाता
हर बार ही धोखा खाता है

तुमको कांग्रेस नहीं ढूंढ सकी
अब बीजेपी ने किया प्रण
तेरे नाम से मनमोहन हारे
मोदी जीतकर बने सजन

कालेधन ओ कालेधन भाई तुम कहाँ छुपे हो कालेधन
तुम्हे ढूंढ़ रहा पूरा भारत तुम कब आओगे कालेधन

छाती पीट रही भारत माँ
अश्रु बहाती कर रही पुकार
मेरी जय बोलो ना बोलो
पर बन्द करो ये भष्टाचार

ये संसद भी तुमसे हिलती है
तुम्हे छुपा सांसद रहें मगन
सौ दिन में ढूंढने का आडम्बर
दिखलाती हर रोज सदन

कालेधन ओ कालेधन भाई तुम कहाँ छुपे हो कालेधन
तुम्हे ढूंढ़ रहा पूरा भारत तुम कब आओगे कालेधन

****

बूढ़ा ससुर

धूमधाम से बहू बेटे की शादी कराई थी
जमा की हुई पाई पाई पूरी लगाई थी
खुश था कि बुढ़ापे में आराम पाउँगा
क्योंकि बहू के रुप में मैंने बेटी बुलाई थी

फिर जैसे जैसे बीते दिन सप्ताह महीने साल
बहू बेटे ने पीठ दिखाकर बदली अपनी चाल
अब बेटे को ये बूढ़ा बोझ नजर आता है
और ताने मार बहू देती है सूखी रोटी बासी दाल

अच्छा खासा बाप था अब ससुर बन गया हूँ
पर बेटा कहता है कि मैं असुर बन गया हूँ
पेंशन बचाने की मुझे क्यों चिंता रहती है
बुढ़ापे में पैसे छिपाऊं कैसा चतुर बन गया हूँ

अपनी संतान से रिश्ते बड़े ही भावुक होते हैं
पीते दूध माँ की छाती का पर नाजुक होते हैं
उम्र खून के रिश्तों की पूरी हो नहीं पाती
नये जुड़ते ही पुराने तोड़ने को आतुर होते हैं

दूध के कर्ज का औलादें अब कहाँ कोई मोल देती हैं
दिया जीवन की फड़फड़ाता है तभी मुँह मोड़ लेती हैं
कर्तव्यों से परे हो बुढापे को अभिशाप मानकर
बूढ़े मां-बाप को वृद्धाश्रम में तड़पता छोड़ देती हैं

रगों में खुन की रफ्तार भी अब धीमी रहती है
जो आँखें उम्र भर हंसती रहीं अब गीली रहती हैं
कैसे छुपाऊं बहू बेटे की करतूतें जमाने से
जहाँ पर बेलन मारा था जगह वो नीली रहती है

हर दिन निगाहें जुर्म करना सोच लेती हैं
मगर उसूलों की जंजीरें मुझको रोक देती हैं
मेरे कारण बहू बेटे की बदनामी न हो जाए
मैं गले में फंदा लगाता हूँ ये बाँहे तोड़ देती हैं

यही हर बूढ़े मां-बाप का अंजाम है प्यारे
सारी जीतकर दुनिया अपनी संतान से हारे
यही दस्तूर कायम है दशरथ के जमाने से
पुत्र मोह में बेबस पिता ने प्राण भी त्यागे

****

❦❦ जिंदगी बिना नाप तौल ❦❦

जिंदगी बिना नाप तौल कर सामान देती है
किसी को लालच तो किसी को ईमान देती है
मेहनत कब रंग लाई है पत्थर तोड़ते मजदूर की
ये अक्सर निकम्मों को ऐसो आराम देती है

कहीं बिखरा हुआ बचपन सिसकता है कटोरों में
कोई फूलों सा निखरता है दौलत के बसेरों में

कोई उम्र भर के पसीने से एक छत भी नहीं पाता
किसी को संगमरमरी भवन आलीशान देती है
जिंदगी बिना नाप तौल कर सामान देती है

किसी के चूल्हे बुझे रहते दीवाले के उजालों में
कोई लाखों फूंक देता है जन्मदिन की बहारों में

सूनी कई कोखें इकलौते वारिस को तरसती हैं
तो किसी मां-बाप को जुड़वा संतान देती है
जिंदगी बिना नाप तौल कर सामान देती है

कभी कोई बेहुनर अय्याश शोहरत खूब पाता है
कोई कोहिनूर होकर भी यहाँ पर धूल खाता है

कोई पढ़ लिखकर चपरासी भी ना बन पाता
किसी अंगूठा छाप को सत्ता की कमान देती है
जिंदगी बिना नाप तौल कर सामान देती है

कोई उलझा रहा रस्मों रिवाजों संस्कारों में
किसी ने तोड़ दीं मर्यादायें नंगे हो बाजारों में

धूप में फल बेंचती औरत की क्या यहाँ पहचान
बिस्तर पर करे अभिनय तो सितारा नाम देती है
जिंदगी बिना नाप तौल कर सामान देती है

****

पुनर्बचपन

काश जिन्दगी दे दे मौका
फिर बचपन में जाने का
अरमानों के पँख लगाकर
अंबर में उड़ जाने का
चंदा मामा के घर जाकर
तारों संग रेस लगाऊं
काश ये मन फिर हो जाये
खड़िया मिट्टी खाने का

दादी और नानी की कहानी
सुन सुन कर इतराऊं
दादा जी की पीठ पे चढ़कर
घोड़ा उन्हें बनाऊं
न रोजी रोटी की चिंता
ना ही मंहगाई का बोझ
पापा जो न लायें खिलौना
रो रो कर उन्हें सताऊं

इस बार नहीं जिद ठानूंगा
झट से बड़ा हो जाने की

और न जिद ठानूंगां मुझको
बस्ता नया दिलाने की
अब न रटूंगा कभी किताबें
मैं तोते की माफिक
एक ही बस एक जिद होगी
मेला हर बार घुमाने की

मैं देख चुका पूरी दुनिया
अपने पैरों पे खड़े हो
नहीं चाहिए स्वर्ग यदि
माँ के आँगन से परे हो
नाम कमाने निकला और
खुद को ही भूल गया
भला रहूं उस चाँद पे क्यों
जहाँ अगनी मिट्टी न पैर तले हो

बीती कठिन जवानी घोर बुढ़ापा
तब जाकर भ्रम टूटा
कहने को सारा जीवन प्यारा
होता बचपन सबसे अनूठा
पापा के कंधों पर घूमा
बन माँ की आँखो का तारा
छोड़ गया मैं माँ कहना
माँ का बेटा कहना न छूटा

काश उम्र मैं पूरी अपनी
बचपन बीच बिताऊं
मेघों में हाथी घोड़े देखूं
कागज की नाव बनाऊं
नींद उड़ा दी कर्तव्यों ने
मीठी लोरी कोई सुना दे
काश लौट वो लम्हा आये
माँ के आंचल में सो जाऊं

****

❖❖ सरहद के सिपाही ❖❖

कफन तिरंगा पहन के मरना लक्ष्य किया निर्धारण
वो मातृभूमि पर मिटने वाले शख्स नहीं साधारण

पलक झपकते ही जल थल
नभ में करें शत्रु संहार
अखिल हिन्द के रखवाले
सरहद के पहरेदार
शूरवीर बलवानों का
निस्वार्थ त्याग प्रबल है
पीठ दिखाना ये न जाने
सीना बड़ा सबल है

तूफां हो भूकम्प आपदाओं का तत्काल निवारण
जन मानस की सेवा करने सब तत्पर रहें अकारण
कफन तिरंगा पहन के मरना लक्ष्य किया निर्धारण
वो मातृभूमि पर मिटने वाले शख्स नहीं साधारण

जाति धर्म ऊँच नीच का
भेदभाव नहीं मानें
रहे तिरंगा सबसे ऊँचा
पावन कसम यही ठानें

ईद दीवाली क्रिसमस लोहड़ी
मिलकर सभी मनायें
यदि दिखे राष्ट्र पर संकट कोई
वर्षों घर न जायें

हिन्दू मुस्लिम मिलकर करते जय भारत माँ उच्चारण
शीश कटाया पर नहीं झुकाया जीते कई महारण
कफन तिरंगा पहन के मरना लक्ष्य किया निर्धारण
वो मातृभूमि पर मिटने वाले शख्स नहीं साधारण

लेह की बर्फीली चट्टानें
इनकी हिम्मत देख पिघलती
तपती राजस्थानी रेत सहमकर
कदमों तले सिमटती
जब गरजें इनकी बंदुके
दिल दुश्मन का थर्राये
कितना भी बड़ा हो आतंकी
डर के पैरों में गिर जाये

सीमा पर आंच न आने दें चाहे लड़ना पड़े आमरण
भारत के जांबाज जवानों का न दूजा कहीं उदाहरण
कफन तिरंगा पहन के मरना लक्ष्य किया निर्धारण
वो मातृभूमि पर मिटने वाले शख्स नहीं साधारण

छलनी देख हमारे सीने
सब जय हिन्द हिन्द चिल्लाना

कसम शहादत की सबको
कोई आँसू नहीं बहाना
न पुतले बनवाना चौराहों पर
न माला कोई चढ़ाना
कुर्बानी की कीमत प्यारों
कोई हरगिज नहीं लगाना

हथियारों से लैस भारी भरकम धारण करें आवरण
नींद चैन की सोये वतन वो रातों करें जागरण
कफन तिरंगा पहन के मरना लक्ष्य किया निर्धारण
वो मातृभूमि पर मिटने वाले शख्स नहीं साधारण

****

नन्ही कलम

प्रतिबंधों को तोड़कर
राहें जोड़ती नन्ही कलम
जमीन से आकाश तक
पर खोलती नन्हीं कलम
बहुत रोती है बेज़ुबां
हमारी तकलीफें देखकर
सब राज दबा दिल में
हंसती बोलती नन्हीं कलम

जब अन्याय आभूषित हुआ
उगते सबेरों में
और इंसानियत रौंदी गई
शाही बसेरों में
तब शब्दों की सेना सजा
कमर कसे कलम
बना के सूर्य सारथी
निहत्थे लड़ी अंधेरों में

कलेजों में दबी हूक को
हुंकार देती है
परिवर्तनों की बधिर गूंज को
आवाज देती है

झूठों की बस्तियों में
सच्चाई न हो दफन
कब्र की शिलाओं को
अल्फाज देती है

मर्यादाओं का पतन हुआ
पीढ़ियों में आई नव्यता
विश्व विदित संस्कृतियों ने
खोई अपनी भव्यता
पुरातत्व से नवीन तक
जाग्रत रही कलम
यशगान युगों का लिखा
संभाली साख सभ्यता

जब लहू से लाल लथपथ
धरा का दामन बने दगल
नफरत से बुझ गई कौमें
लगे अग्नि में जले जंगल
संकटों के वक्ष पर चढ़कर
कलम निष्पक्ष लिखती
समय के जख्म भर देती
सुनाकर गीत शुभ मंगल

आदिकाल और नवयुग का
शब्दों से जोड़ा बंधन
व्याख्यान किया साम्राज्यों का
महकाया जैसे चंदन
त्याग समर्पण और करुणा की
कलम सही प्रतिबिम्ब
जागरूक रहे सत्ता समाज
करवाती है मन मंथन

****

दौलत

मैं गुमसुम खड़ा रह
गया हाथ मलते हुये
जब मैंने दौलत को
छोड़ा था जलते हुये
पर दूर के रिश्ते भी
मैंने न जलने दिये
कई दौलतमंदो को
देखा है ढलते हुये

कभी राह चलते
यूँ ही बोल दे
जो रूठे हैं तुझसे
उन्हें मोड़ ले
शंकायें समाधि में
सो जायेंगी
जो बिछड़े हुये हैं
उन्हें जोड़ ले

बचपन से ज्यादा
क्या मोहेगा कोई
भला आँसू बिना क्या
रोयेगा कोई

रिश्तों में गुणा भाग
चलता नहीं
अपनों से ज्यादा क्या
खोयेगा कोई

डरता हूँ मेरे जनाजे में
कहीं सन्नाटा न हो
और मेरी अर्थी को
अपनों का कांधा न हो
मेरी मौत पर कौन रोयेगा
रुदालियों के सिवा
जब दर्द में किसी के
कंधो को साधा न हो

****

❧❧ मेरी बेटी ❧❧

दुनिया मांगे नहीं रब का वरदान हो
मेरी बेटी आप मेरी पहचान हो
आप से ही जीवन ये सारा जहाँ
दो घरों की कड़ी दोनों की जान हो

गुड्डे गुड़िया छोड़ कब बड़ी हो गई
माँ से कंधे मिलाकर खड़ी हो गई
जैसे कल आई थी आज जाने लगी
ब्याह विदाई की मंगल घड़ी हो गई

अपना घर छोड़कर तुम चली जाओगी
अब से मेहमान बनकर ही आओगी
उजड़ा उजड़ा सा घर ये लगेगा हमें
जब भी आओगी पलकें बिछीं पाओगी

दुःख न करना वहाँ हम नजर आयेंगे
दिन बदलाव के हैं संवर जायेंगे
दिल में ससुराल हो उसकी ही साधना
सास ससुर में माँ-बाप उतर आयेंगे

माफ करना हमें अत्यंत मजबूर हैं
दुनियाभर के निभाने जो दस्तूर हैं
मेरे आशीष सिर पर रहेंगे सदा
तुम दिल में हो बैठी हम भले दूर हैं

****

❖❖ मैं मिट्टी हुआ ❖❖

वो जो पत्थरों से प्यार करते हैं
देखो कैसा उपहास करते हैं
पाप की सीढ़ियों पे चढ़ चढ़कर
स्वर्ग जाने की आस करते हैं

मुहूर्त ऐसा जरूर आयेगा
अपना ही सब कुसूर पायेगा
कर्मों की फसल काटेगा स्वयं
जो भी बोया हुजूर खायेगा

मौत जब सामने खड़ी होगी
तुम्हे और जीने की पड़ी होगी
कोई रिश्वत नहीं चलेगी मियां
वही तेरी आखिरी घड़ी होगी

उम्र भर संपदा जुटाता रहा
जालसाजी से सब कमाता रहा
अब समझा हूँ जब मैं मिट्टी हुआ
माटी माटी में ही मिलाता रहा

****

आत्मवध

श्रेष्ठ वरदान था जीवन
तुम इसे अभिशाप कर बैठे
मुहाने पर चक्रव्यूह के
आत्मबल हार कर बैठे
टूटे रिश्तों शिकस्तों ने
मन को आहत किया होगा
मुश्किलें पर कब बड़ी हल
जो आत्मदाह कर बैठे

मात अपमानों का उत्तर
खुद को सम्मान कहा होगा
बदलकर रुप मृत्यु ने
खुद को समाधान कहा होगा
मौत की मदचाल पर बहके
पलटकर ये नहीं सोचा
माँ ने हर साँस पर तुमको
लाल गुणवान कहा होगा

अचंभित है खोई सुध बुध
बहन गिरकर तुम पे रोई
भले तुम साथ रहते थे
असल में निकले निर्मोही

पिता के इकमेव संबल
तुम्ही कमजोरी तुम्ही थे बल
दोस्त सब कह रहे हैं झूठ
जुझारू तुम थे आरोही

सुनो जो कर गुजरे हो तुम
अब किसी जनम नहीं करना
दिलों में जीवित हो अब भी
दिलों से भी नहीं मरना
विचार शून्य जब भी हो मन
कोई दीपक जला लेना
मृत्यु की बातों में आकर
आत्म समर्पण नहीं करना

****

❖❖ हर इक रिश्ता न्यारा है ❖❖

रिश्तों की बलिवेदी पर अपने अहम जलाकर देखो
हर इक रिश्ता न्यारा है मन के भरम जलाकर देखो

उत्तर जिसका मांग रहे हो
प्रश्न वही खुद से पूछो
घर टूटन बिछड़न की पीड़ा
राजा दशरथ से पूछो

सस्ते जब संबन्ध लगे अपना भाव लगाकर देखो
हर इक रिश्ता न्यारा है मन के भरम जलाकर देखो

जब प्रेम बिवश दो गैर मिले
तब जाकर हम जन्में हैं
फिर मिलाप के परिणामों पर
क्या शंकायें मन में हैं

मुस्कानें जित जानी हैं आँसू दाँव लगाकर देखो
हर इक रिश्ता न्यारा है मन के भरम जलाकर देखो

सुख के पीछे दुःख की बदरी
परछाई सी चलती है
कैसी भी हो अनहोनी
मिलकर रहने से टलती है

शूल फूल सब साथ रहें घर की शाख बनाकर देखो
हर इक रिश्ता न्यारा है मन के भरम जलाकर देखो

****

❖❖ नई राह ❖❖

नई राह क्या है ये गुमराह समझे
प्यार जिसने खोया वही प्यार समझे

सहारों ने हमसे किनारा किया है
हमें यूँ ही टूटा सितारा किया है

लगी ठोकरें तब हम संसार समझे
प्यार जिसने खोया वही प्यार समझे

जिसे हमने चाहा जिसे हमने पूजा
हमें पीठ पीछे कहा उसने दूजा

दिल के जख्म कोई दिलदार समझे
प्यार जिसने खोया वही प्यार समझे

यहाँ मेरे दुश्मन उजाले हुये हैं
हमें तो अंधेरे संभाले हुये हैं

लफ्जों के इशारे समझदार समझे
प्यार जिसने खोया वही प्यार समझे

****

❖❖ मुश्किल खुद पर काबू है ❖❖

जीवन में सब कुछ आसां है
मुश्किल खुद पर काबू है
हर मुश्किल को आसां कर दे
मेहनत में वो जादू है

जहाँ तहाँ फूलों की खुशबू
कांटें पग पग पथ पर हैं
रथ लेकर सुख ढूंढ रहे हो
बिन ढूंढे दुःख रथ पर हैं

एक दूसरे की परछाई
सुख दुख आजू बाजू है
जीवन में सब कुछ आसां है
मुश्किल खुद पर काबू है

धीरज चुनकर नित नित बुनकर
लक्ष्य तुम्हे मिल जायेगा
विगत तुम्हारी प्रतीक्षा का
हरा जख्म सिल जायेगा

सोच समझकर मन की करना
मन चंचल बेकाबू है
जीवन में सब कुछ आसां है
मुश्किल खुद पर काबू है

****

❖❖ शूद्र संसय ❖❖

कौन जाति होगी मेरी
         और कैसे मेरा धर्म चुना
ऐ खुदा मेरे तू बता मुझे
         कैसे यह जीवन चक्र बुना

हिंदू मुस्लिम सिख ईसाई
         कितने पंथ बनायें
इतने से जी नहीं भरा
         फिर जाति जाल बिछाए

ब्राह्मण क्षत्रिय वैश्य शूद्र की
         अडिग खड़ी दीवारें
कोई भेद सका ना दीवारों को
         खूब लड़ी तलवारे

क्या कसूर था मेरा जो कि
         शुद्र मुझे कर डाला
घूरे पंडित हर दिन मुझको
         लेकर बरछी भाला

कैसे चुनता पंडित बनिया
               कैसे छत्रिय शूद्र बनाए
कौन मापदंड थे जो मुझको
               शुद्र बनाने में अपनाएं

साफ करूं उस मल को जो
               लोगों को आँखों नहीं सुहाये
और करूं वह सभी काम भी
               जिनको सुनते जी मिचलाएं

साफ-सफाई पेशा मेरा
               दूजा काम कौन सा इससे बेहतर
पर मुझे ही छूना पाप बन गया
               मेरा जीवन सबसे बदतर

गाँव छोड़कर शहर भी आया
               पर जाति ना पीछा छोड़े
भांपकर छोटी मेरी जाति
               सभी ने रिश्ते झट से तोड़े

फिरूं अछूता दर-दर भटकूं
               बुरे कर्म क्या मेरे
नाम न मेरा कोई पुकारे
               सब भंगी कहकर टेरें

माना जाता अपमान यहाँ
            शूद्र जाति का नाम बुलाना
यह जाति बड़ी नासूर लगे
            हुआ मुश्किल दर्द भुलाना

किस अजब तराजू से तौला
            मेरी किस्मत का ताज
क्या बंद कभी शोषण होगा
            कब जगेगा मेरा भाग्य

जो तेरी शान में हरदम झुकते
            होते वही तिरस्कृत
कुछ बहरूपिया भगवान बने हैं
            होते वही पुरस्कृत

तेरी समझ न समझ सका मैं
            वो मेरे मौला मेरे भगवान
तुम से तो बेहतर कई फैसले
            कर देता अदना इंसान

मेरी जाति मेरे दुष्कर्म का फल है
            या तेरी कोई खिलवाड़
यदि नहीं तो शूद्र करेंगे
            तेरे अस्तित्व पर खड़े सवाल

सच कहता हूँ भारत माता
                 है भेदभाव की रानी
ऊँच-नीच है इसकी आदत
                 फितरत बड़ी सयानी

दूध पिला कर इसने पाली
                 छुआछूत बीमारी
वर्ण प्रथा की सख्त बेड़िया
                 बनी शुद्र लाचारी

ना जब तक कुप्रथायें बदलेंगी
                 है तब तक तुम्हें सुनानी
पहले भी कह चुके वरिष्ठ
                 पर फिर सुन लो शूद्र कहानी

होगा तो होने देना गली गली
                 इसका पुरजोर विरोध
सदियों से दबा हुआ है
                 अब बाहर आएगा शूद्र क्रोध

बड़े-बड़े सब ज्ञानी पंडित
                 देंगे खूब सफाई
कि प्रभु के आशीर्वाद से ही
                 वर्ण व्यवस्था आई

पर और नहीं अब शोषण सहना
ना सहना अत्याचार
जो दुनिया हमसे करती आई
वह ठीक नहीं व्यवहार

सदियों से सेवा करते आए
गाँव शहरों में जन-जन की
बदले में अछूत कहा हमको
आशाएं टूटी तन मन की

धीरे-धीरे जाग रहा है
अपने भी अंदर का स्वाभिमान
छुआछूत को मिटना होगा
अब ना रोक सके भगवान

पारा फूंस मिट्टी के बनते
अपने खस्ताहाल रैन बसेरे
अक्सर गाँव शहर कस्बे के
बाहर शूद्र बसायें डेरे

अगल-बगल सुनसान
शुद्र का शूद्र पड़ोसी होता
सबके होते बड़े मोहल्ले
शूद्र का घर ही मोहल्ला होता

कहीं पर कटी फटी त्रिपाल
            कहीं छप्पर की छत बनाते
जब छत से चूता पानी
            बारिश में जग जग रैन बिताते

और कभी आँधी में छप्पर
            तिनके सा उड़ जाता
खुला आसमां छप्पर दिखता
            वह बेबस हो जाता

कभी कच्चे घरों में सांप घूमते
            कभी बिच्छू डंक मारते
दुख दर्द शूद्र का कोई न बांटे
            उसको मानव ही नहीं मानते

टंगा एक चौखट पर जर्जर कपड़ा
            दरवाजे सा लगता है
मंद हवा के झोंके में यह दरवाजा
            फर फर फर उड़ता है

और करूं क्या बात घरों की
            सब बंजर से लगते हैं
टूटे-फूटे घर भी हमारे
            ऊँची जातों को चुभते हैं

एक बार मौसम कुछ बिगड़ा
बूंदाबांदी तेज हुई
कच्ची थी दीवार शूद्र की
पल में गिरकर ढेर हुई

फिर किया यत्न दीवार शूद्र ने
मिट्टी की नई बनाई
यह बात बन गई बड़ी बखेड़ा
कि मिट्टी कहां से आई

किसके खेत से खोदी
क्यों मिट्टी को छूत लगाई
पंडित ने अपशब्द कहे
ठाकुर ने धमक दिखाई

देखकर लाल रंग चेहरों का
शूद्र हुआ बदहाल
समझ न कोई उत्तर आए
मुश्किल हुआ बवाल

सुन्न पड़ गई शुद्र देह
हकला के जुबां खुल पाई
मेड़ मेड़ से खोदी मालिक
खेतों से नहीं चुराई

चाहे कसम बेटे की ले लो
            मैं झूठ न बोलूं मालिक
बारिश में दीवार ढह गई
            मैं बेघर हुआ था मालिक

मिट्टी मालिक के खेत से खोदूं
            मुझ में न इतनी हिम्मत
अनपढ़ हूँ पर समझूँ खूब
            ऐसी हरकत की कीमत

क्रोधाग्नि शांत हुई सुनकर
            शुद्ध की दुर्बल वाणी
देकर चेतावनी छोड़ दिया
            भौंहें फिर भी तानी

दुब छुपकर किसी तरह
            जंगल से लकड़ी लाऊं
हर साल ठंड आने से पहले
            झोपड़ी नई बनाऊं

काश कि बदले पहर वक्त का
            मैं राजा बन जाऊं
जात पात और छुआछूत को
            जड़ से पूर्ण मिटाऊं

भूलाकर झेले अत्याचार
        सबको हिलमिल गले लगाऊं
ना रहे कोई झोपड़ियों में
        सबको ऊँचे महल दिलाऊं

ठहरा महामूर्ख मैं भी क्या सोचूं
        नामुमकिन यह बदलाव
जिनका कांटो भरा हो जीवन पथ
        कब भरते उनके घाव

मान विधाता की मर्जी
        यह जाति जहर पिये जा
शुद्र पुत्र है सूर्यपुत्र
        जीवन जैसा मिला जिये जा

जन्म मरण के मौकों पर भी
        तन्हा घूमे शूद्र बेचारा
निष्ठुर संवेदनहीन समाज
        नहीं देता तनिक सहारा

जन्म अगर पंडित का हो तो
        पूरा कुनबा जश्न मनाए
शूद्र जन्म आंखों में खटके
        जबकि काम हमेशा आए

घर पर तो आना दूर हुआ
    कोई चलती राह न पूछे
हाल-चाल क्या है नवजात का
    कोई भूले से ना बूझे

मैं बतलाना चाहूं भी कि मेरा
    बच्चा बड़ा सुघड़ है
पर ऊँची जातों को लगता
    मेरा सीना रहा अकड़ है

पुत्र जन्म की बड़ी खुशी में
    शूद्र पिता ने लड्डू मंगवाए
पंडित जी को देने की खातिर
    मेवे भी मिश्रित करवाएं

भाव विभोर हो जाति भूलकर
    जा पहुँचा पंडित के द्वारे
अपने नाम की सुन पुकार
    झट बाहर आए पंडित प्यारे

शूद्र को खड़ा देख दरवाजे
    पंडित का लाल हो गया चेहरा
किस हेतु पधारा मूर्ख यहाँ
    क्रोध जीव्हा पर आकर ठहरा

करके दंडवत प्रणाम पिता ने
             आने का हेतु बतलाया
बड़ी खुशी से आतुर हो
             लड्डू का डिब्बा दिखलाया

देखकर लड्डू मेवे मिश्रित
             पंडित मन ही मन ललचाया
पर जाति भंग ना हो जाए
             इसलिए झूठा रौब जमाया

महामूर्ख तेरी ये हिम्मत
             क्या भूल गया स्व जात
तेरा मेरा मेल न कोई
             अपनी भूल गया औकात

अब ले ही आया है तो नीचे रख दे
             भैंसों को खिलवा दूंगा
अगर पुनः किया दुस्साहस ऐसा
             तो पंचायत लगवा दूंगा

अपमानों का यही सिलसिला
             बना शूद्र का साया
किस्मत को कोसे शूद्र बेचारा
             मौन धरे घर आया

मेरी खुशियों का मोल
           कभी ना इज्जतदारों ने समझा
सब कुत्ते सा दुत्कारें
           मुझको पशु से ज्यादा न समझा

जन्म शूद्र कुल में होना
           अभिशाप बने शिशुओं का
कौन बताए नादानों को
           आगे जीवन है पशुओं सा

हद में रहने की शिक्षा
           शिशुओं को देता शुद्र समाज
कल न जाने क्या होगा
           पर बेटा संभल के चलना आज

हाथ जोड़कर चलना जहाँ
           दिखे ऊँचे कुल के गलियारे
ये मालिक अपने जीवन के
           हम इनको पूरा जीवन हारे

नजर कभी ना ऊँची करना
           देख दुमंजिला महलों को
सीधी राह पकड़ कर जाना
           झुका के रखना चेहरों को

बिन पूछे कोई बात
          ना करना ठाकुर इंसानों से
भले रोज मिलना हो
          पर इनसे रहना अंजानों से

काम हमारा कोई ना समझे
          अपनी दुर्भाग्य बनी है जात
शूद्र कभी सूरज देखेगा
          क्या छंटेगी छुआछूत की रात

कहते हैं जन्म जन्म के बाद
          मिले जीवन मानव का
पर मानव ही मानव को
          सताये धरे रूप दानव का

सब बच्चे खेलें हिल मिलकर
          संग बाग बगीचे जायें
शूद्र संताने दूर खड़ी हो
          अपनी किस्मत पर पछताए

संग खेलना तो दूर
          दुर्भर होता नजरों का मिलना भी
प्रभु तेरी वर्ण व्यवस्था में
          मुश्किल फूलों का खिलना भी

मेरा बचपन क्यों अभिशापित
              सोचे शुद्ध पुत्र झल्लाकर
ठाकुर बच्चों के संग न खेलूं
              माँ क्यों रोज कहे समझाकर

क्या अंतर उनमें और मुझमें
              अंतर्द्वंद मचा है मन में
हाथ पैर मुख नयन निहारे
              कुछ कमी न दिखती तन में

दौड़ भागकर शूद्र पुत्र अपनी
              शारीरिक क्षमतायें परखे
जब कमी कहीं कुछ नजर ना आती
              रोता   आहें भर भर के

रंग रूप सब एक दिखे
              एक ही जैसा शारीरिक नक्शा
जातिगत अंतर्विरोध ने
              शुद्र का बचपन भी ना बक्सा

खेल खेलते एक दिन
              बच्चों की गेंद गिरी शूद्र के घर में
नादान शूद्र पुत्र ने
              हाथ से छूकर वापस कर दी पल में

पर ऐसा हंगामा मचा
   गाँव की हर गली और हर घर में
जैसे डस ले नाग कोई
   और विष फैल जाए नस-नस में

गेंद ठहाके मार हंसी
   जब पंडित ने गंगाजल से धुलवाया
बच्चे भी हैरान दिखे
   जब मां बापू ने रगड़ रगड़ नहलाया

बच्चों को मिली हिदायत
   शुद्र ग्रह में गिरी गेंद न लेना
सभी बंदिशें बतलाई
   शूद्र हस्त से कुछ ना लेना देना

अब बारी आई शूद्र पुत्र को
   दंड दिये जाने की
न छुये हाथ से गेंद कभी
   कुछ ऐसे धमकाने की

पंडित जी ने संकेत किया
   नाई को बुलवाया
जाति दंश का यह शिकार भी
   दौड़ा दौड़ा आया

नाई राजा बेबस बेचारे
झट से डर के मारे
पंचों का फरमान सुनाने
जा पहुंचे शूद्र द्वारे

शूद्र कहाँ छुप कर बैठा है
निकल के बाहर आ रे
जोरो से आवाज लगाई
जैसे शत्रु कोई ललकारे

बात क्या हुई नाई राजा
क्यों गला फाड़ चिल्लाते
शूद्र निकल कर बाहर आया
बोला शीश झुका के

तत्काल अभी चल मेरे संग
तुझको पंचों ने बुलवाया
गेंद छूत बेटे ने कर दी
क्यों जरा नहीं समझाया

बेटा लिए साथ शूद्र जा पहुंचा
पंचों के चरणों में
क्षमा याचना रो-रो मांगे
करबद्ध झुका घुटनों में

पर पंचों का पत्थर दिल
था कहां पर पिघलने वाला
लाठी बीस लगाओ इसको
हुक्म सुना यह डाला

मटरू मल्ला हट्टा कट्टा
हवा बीच लट्ठ लहराए
जोर लगा निर्दय हो मारा
शूद्र बेसुध पड़ा करहाये

शूद्र पुत्र को डरा डांटकर
नीचा सबक सिखाया
पान थूक कर पंडित जी ने
तुरंत साफ करवाया

बचपन में ही शूद्र समझ जाते
अपनी जाति के हालात
मिली सजा किन पापों की
सब मन ही मन करते बात

विस्मित होकर रो रो सोचे
यह कैसी फितरत इंसानी
शूद्र हाथ से कैसे हो जाता
छूत कुँयें का पानी

सूर्योदय संग शूद्र जगे
        अब आगे बढ़े कहानी
प्रथम हाथ झाड़ू उठे
        कर्मों की यही निशानी

बारिश हो तूफान चाहे
        जमीं तपती हो गर्मी में
शूद्र उदय निश्चित है चाहे
        बर्फ जमी हो सर्दी में

बाएँ हाथ में तसला थामें
        लहराती दाएँ हाथ में झाड़ू
शूद्र समय पर हाजिर होता
        चाहे तबीयत हो बीमारू

हाथों में यूं पकड़े झाड़ू
        जैसे दो धारी तलवार
आगे पीछे दाएं बाएं घूम
        करती कूड़े पर वार

गली मोहल्ले घर घर की
        गंदगी से दो-दो हाथ करें
बेशर्म सवर्णों की औलादें
        रस्तों पर मल त्याग करें

कैसा है यह चाल चलन
कैसा बेलगाम दस्तूर
मानव मानव का मल साफ करें
रिश्ता कितना क्रूर

भारत का गौरव गान लिखित
है ग्रंथों और किताबों में
शायद मनचले लिख गए
धुत हो भांगो और शराबों में

हृदय विदारक छुआछूत की
फैली भीषण महामारी
क्या दिखी ही नहीं लिखने वालों को
शूद्र दुर्दशा भारी

कैसे इतिहास बखान हुआ
जहाँ जहर दिलों में फैला
अभिशापित वर्ण व्यवस्था का
विष शूद्र जाति ने झेला

ऋषि मुनियों का देश ये
भारत न्याय नहीं कर पाया
दुर्दशा शूद्र की सबने देखी
दुख हरने कोई नहीं आया

कहीं पे सूखा कहीं पे ताजा
            सब मल मन मार उठाए
बैठा देखे जग रोज सयाना
            रत्ती भर लाज ना आये

चौक चबूतरो कहीं छतों पर
            फैला मल चारों ओर
सब बुला बुला कर साफ करायें
            देकर पूरा जोर

अगर भूल से छूट गया मल
            पड़ा किसी के द्वार
यूँ डाँट लगाते ठाकुर जैसे
            गुनाह किया सौ बार

जब मल से तसला भर जाए
            बाहर दूर गाँव से डालें
सूअर पशु झट से चट कर जाएं
            जो शूद्र बंधु ने पाले

खुशी खुशी कर देता
            करने को जो भी काम कहें
बात बिगड़ती तब जब
            सब इसको छोटा काम कहें

गलियों में कचरा फैलाते
करते खूब लोग मनमानी
गैरों की साफ-सफाई में
शूद्र की दूषित हुई जवानी

घोर विडंबना जीवन की
क्या हो सकती इससे बढ़ के
है साफ-सफाई का जो दूत
शूद्र सबकी आँखों में खटके

मेरा देश बढ़ रहा है आगे
कहते सुना बड़े मंचों से
काश शूद्र जीवन भी निखरे
जो भरा हुआ रंजों से

बहुत हो गया भेदभाव अब
हिलमिल कर रहने की बारी
ना मल शूद्र किसी का साफ करें
हो जाए हुक्म यह जारी

जो जख्म समय ने दिए शूद्र को
अब आई भरने की बेला
निश्चय कर उद्घोष करें अब
ना लगे ऊँच नीच का मेला

****

❧❧ कम कर दे ❧❧

ऐ मालिक मेरे इक भरम की
रफ्तार कम कर दे
अंधी लड़ाई है धरमों का
विस्तार कम कर दे

पहले खबर थे फिर बेखबर हुये
अब बेखौफ हैं
सब नफरत का कारोबार हैं
अखबार कम कर दे

दोस्ती की गहराई फौरन
पता चल जायेगी
नदी नाव मांझी सबकुछ हो
पतवार कम कर दे

प्यार दिल से हो कि जुबां से
खुद ही जान जायेगा
दिल से प्यार किये जा
जुबां से इजहार कम कर दे

सरकारी दफ्तर जो
जनसेवा का दम भरते हैं
हड़ताल पर होंगे हफ्ते से
इतवार कम कर दे

देश की हर समस्या का
समाधान हो जायेगा
स्वेत पोशाक पहने हुये
कुछ गद्दार कम कर दे

****

❖❖ फासला ❖❖

यहाँ सब अपने हैं पर कोई
आसरा नजर नहीं आता
किसे गैर कह दूं कोई भी
फासला नजर नहीं आता

परदेस गये बेटा बहू
अरसे से घर नहीं आये
चश्मे से सड़क तो दिखती है
लाडला नजर नहीं आता

बहू फोन पर कहती है माँ
कोई तकलीफ हो बताना
शतक के पास बढ़ती उम्र का
हारना नजर नहीं आता

बेटा बेटी या वे आँखे
बस चेहरों पर टहलती हैं
नन्हा नाती तो है आंगन में
पालना नजर नहीं आता

भूख भी बूढ़ी हो आई
कुछ निवालों से थक जाती है
आयु अंबर तक चढ़ आई
परमात्मा नजर नहीं आता

****

⚜⚜ राज अगर जुबां हो जायेंगे ⚜⚜

दिल में दफ्न राज अगर
जुबां हो जायेंगे
महफ़िल में साथ बैठे
दफा हो जायेंगे

गुनाहों की सजा फौरन
दे दिया कर मौला
सारे पाप दुनिया से
हवा हो जायेंगे

कुछ दिन सच बोलने का
रियाज कर के देखो
जितने खासम खास हैं
खफा हो जायेंगे

बस पड़ोसी की थाली में
झांकना छोड़ दो
सीने में जलते दंश
दवा हो जायेंगे

****

⚜⚜ पलको पर आशियां ⚜⚜

पलकों पर अगर हो आशियां
आसमां क्या चीज है
मन की सुन्दरता के आगे
चंद्रमा क्या चीज है

तन्हा अंधेरी रात में
दीदार उनका हो अगर
पलकों की अंगड़ाई बहुत
पूर्णिमा क्या चीज है

ये हुस्न का बाजार है
सीरत नहीं मिलती यहाँ
महफिलों में रौनक जिस्म से
आत्मा क्या चीज है

रोजा व्रत नमाज मंत्र
विखंडित सभी पाखंड हों
माता पिता आशीष लो
प्रार्थना क्या चीज है

****

❖❖ तख्ती हमें सुने ❖❖

कोई बड़ी महफिल न बड़ी
हस्ती हमें सुने
बस हमारा गाँव हमारी
बस्ती हमें सुने

अपनों के बीच भी एक जो
खास होता है
मीत मेरा हमदम मेरी
कश्ती हमें सुने

जुल्फों पर मचल जाये
बौछार बूंदों की
छमाछम उनके पैरों की
मस्ती हमें सुने

खेतों से गुजरती मेड़
जो स्कूल जाती है
झोला किताब खड़िया
नन्हीं तख्ती हमें सुने

भाग्य का पैमाना लकीरें
कम कहीं ज्यादा
हम सब की हथेली में
छिपी शक्ति हमें सुने

****

❖❖ मात क्या होगी ❖❖

एक फूंक से ही बुझ गई
वो आग क्या होगी
जो नयनों से गुजरी नहीं
बरसात क्या होगी

चाँदनी शामिल नहीं
सितारे भी बुझ से रहे
बेमन मिलीं दो देह
सुहागन रात क्या होगी

माना मन चंचल बहुत
पर मार्गदर्शक भी है
जो खुद की भी मानी नहीं
वो बात क्या होगी

औपचारिकतायें भी अब
मन द्वन्द करती हैं
लब खुले पर नजरें झुकी
मुलाकात क्या होगी

पूरा तंत्र ही षड्यंत्र
घर घर शिकारी हुये
खुद से कभी जीते नहीं
और मात क्या होगी

मैं बड़ा तू निम्न है
फिर संतुलन कैसे रहे
कर्म यदि संकीर्ण हो
ऊँची जात क्या होगी

****

मन मारते हो

रोज मन मारते हो
शिकारी हो क्या
फिर मन से ही हारे
जुआरी हो क्या

जरा पढ़ लिख गये
तो देश छोड़ दिया
स्याही चढ़ गई तुम्हे
शराबी हो क्या

तिलक वाले डाढ़ी वाले
कहाँ चले
ओह धरम बढ़ाने
व्यापारी हो क्या

मेंढ़क नेता नित दलदल
बदलते हैं
कुछ तो मानक रखिये
मवाली हो क्या

दौलत भी शोहरत भी
इक औरत भी
कितना माँगते मियाँ
भिखारी हो क्या

पैंसठ इकहत्तर हारे
कारगिल भी
सुधरे नहीं लम्बी
बीमारी हो क्या

****

❖❖ दिल में छुपकर ❖❖

दिल में छुप कर बैठी हो
क्या मेरी जान चाहिए
साथ भी रहोगी या सिर्फ
मेरा मकान चाहिए

मखमली बिस्तर पर लेटो
या लो नींद की गोली
मूलतः सोने के लिए
भर दिन की थकान चाहिए

माना देश में बहस के लिए
हैं अनगिनत मुद्दे
चुनावी नाटक में लेकिन
गरीब किसान चाहिए

जो ईश्वर है वही अल्लाह
सब जानते हम लोग
यही हम मान भी जाएं
ऐसा विज्ञान चाहिए

ये हीरे का हार वो मुद्रिका
कुल कितने के हैं
अरे साहब खरीदना कहाँ
बस अनुमान चाहिए

शीशम का दीवान बड़ा मकान
दुकान इतना कुछ
याद रहे मियां आखिर में
खाली श्मशान चाहिए

****

❦❦ काव्य टुकड़े ❦❦

मृत्यु का है सफर सबके रथ हैं अलग

सबकी मंजिल वही सबके पथ हैं अलग

प्यार करते थे हम तुमसे बेइंतहा

सब यही लिख गये सबके खत हैं अलग

****

मशवरा कुछ ना दो, लड़ाई टालना सीख लो।

वृद्ध होते होते, तन्हाई पालना सीख लो।

ना तो सांसों का, न ही संतान का भरोसा।

खुद अपनी आँख में, दवाई डालना सीख लो।

****

प्रायश्चित शेष है बेकसूर थोड़ी हुआ हूँ

मैं यूँ ही अपने घर से दूर थोड़ी हुआ हूँ

यादों का सैलाब आँसुओं का दरिया रोक लूँ

ऐ खुदा अभी इतना मजबूत थोडी हुआ हूँ

****

उड़ते बादल से पानी जुदा हो गया,

सूखी धरती पे गिरके दवा हो गया।

ना बदलो मिजाज एक उड़ान के लिए

जो रहा अपने रंग में खुदा हो गया।

****

कत्ल में साझेदार तुम भी हो

इस रहस्य में आधे राज तुम भी हो

तुम दगा नहीं देते तो क्या लिखता

कहानी में इक किरदार तुम भी हो

****

कौन फिक्र करता है आज वो कहाँ हैं

शहंशाह जो कहते थे उनसे जहाँ हैं

कुछ बादलों को नाहक गुमां रहता है

इस धरती से ऊपर वही आसमां हैं

****

सहम कर मुस्करा रहे हो जानती हूँ

माथे की लकीरों को पहचानती हूँ

काँच की चूडियां लाये हो पहना दो

मैं अब सोना चाँदी कहाँ माँगती हूँ

****

दोनों अपनी अपनी खता कबूल कर लेंगे

हम अपने बीच की दूरियाँ दूर कर लेंगे

यूँ जाया नहीं जाया करता। आँख का पानी

हम धीरे धीरे काँटों को फूल कर लेंगे

****

कभी किसी लड़की की आँखों में काजल लगाया है

तुम उसे परी कहो उसने तुम्हे पागल बताया है

यदि सच्ची कहानी हो तो बस इतना बताओ दोस्त

वो जब जब फूटकर रोयी तुम्हे बादल बताया है

****

अपनी आजाद जिंदगी पर मुझे वो पहरा कहता है

थककर भी जिसके लिए चला मुझे वो ठहरा कहता है।

बूढ़ा होने से बेहतर था कि मैं विकलांग हो जाता

जिस बेटे की हर बात सुनी मुझे अब बहरा कहता है।

****

कहते लिखते कवि जो भी इशारों से समझ लेना

यूँ दरिया की गहराई किनारों से समझ लेना

रवि का काम है जलना तो कवि का काम लिख मरना

शकुनी चाल का अंजाम किताबों से समझ लेना

****

जी रही घुट घुट के सच्चाई झूठ करता फिरे तांडव

महल में हंसते थे कौरव कि जंगल में रहे पांडव

यहीं इंगित करे इतिहास परीक्षा पावन की होती

अग्निपथ से गुजरी सिया लाक्षागृह में फंसे पांडव

****

साँसे भी नही शाश्वत कोई साम्राज्य क्या होगा

भला अन्याय के घर में कोई आराध्य क्या होगा

रोटी चोर जाए जेल घोटालों पर सधे चुप्पी

जहाँ कानून अंधा हो वहाँ इंसाफ क्या होगा

****

❖❖ दोहे ❖❖

सजनी तू ही आबरू, तू ही मेरी जान।
तू है तो ये जिन्दगी, लगती है आसान।

****

तेरे सपने देखती, ये आँखें दिन रैन।
तेरी बाँहों में छुपा, मेरे दिल का चैन।

****

जीवन को मत लीजिये, यूँ हल्के में मित्र।
तय होगा संघर्ष से, जग में तेरा चित्र।

****

अनायास हर बात में, प्रियतम का उल्लेख।
चित्त पटल पर लिपिबद्ध, स्मृतियों का आलेख।

****

सपने में भी ना दिखा, ऐसा दुर्व्यवहार।
खिलकर फूल उडा रहे, माली का उपहास।

****

किसी बाँध से ना रुका, नयनों का ये नीर।
छलक छलक कर कह गया, मन भीतर की पीर।

****

शत्रु आज वो बन गए, कल थे मित्र विशेष।
मर जाते हैं आदमी, मरता नहीं कलेश।

****

कथा अंत के बाद भी, रह जाती है शेष।
पात्र दुबारा आ गए, बदल बदल कर भेष।

****

सब ये अपने दूसरे, लगते एक समान।
रिश्तों का आधार है, बस आदान प्रदान।

****

प्रेम जगत का धर्म है, प्रेम जगत की जात।
प्रेम नींव है पेड़ की, प्रेम पेड़ की गात।

****

चाहे कोई देश हो, चाहे जैसा भेष।
अद्भुत हैं अनमोल है, दुनिया का परिवेश।

****

www.ingramcontent.com/pod-product-compliance
Lightning Source LLC
LaVergne TN
LVHW061551070526
838199LV00077B/7003
9789358195378